LA CONCEPCIÓN ESTRATÉGICA Y EL LIDERAZGO

Víctor Plaza

Víctor Plaza

Todos los Derechos Reservados
ISBN 9781675952856

Dedicatoria

Se lo dedico en especial a mi padre Víctor Manuel Plaza Bossio y a mi madre Hilda Vidaurre viuda de Plaza, a mi señora y distinguida esposa María Cecilia Battistini de la Puente, mujer con un corazón de lo más bello y pulcro; a mis hijos Víctor, Guillermo y Santiago que recibirán el BASTÓN DE MANDO de esta travesía

Y a mi coach y amigo Mario Corona, una excelente persona y mejor profesional.

INDICE

PRÓLOGO 7

1. INTRODUCCIÓN 11

2. EL PENSAMIENTO ESTRATÉGICO 17

3. OBJETIVOS ESTRATÉGICOS. 27

4. MARCO TEÓRICO DE LA CONCEPCIÓN ESTRATÉGICA 35

    4.1. Influencias en la concepción estratégica: 36

    4.2. La maniobra estratégica 39

        4.2.1. Elementos de la maniobra estratégica 43

    4.3. Aplicación del modelo: fases 51

5. EL MODELO DE LA CONCEPCIÓN ESTRATÉGICA DEL LÍDER DE GENERAL ELECTRIC 57

    5.1. Los valores como pensamiento estratégico 62

    5.2. Los objetivos estratégicos de General Electric en los 90 y parte del 2000 64

        Globalización 64

        Ampliación de servicios 67

        Sigma seis y más allá 70

        Comercio electrónico 73

    5.3. La maniobra estratégica de Jack Welch como CEO de la GE 77

        5.3.1 La maniobra estratégica inicial de Welch 79

        5.3.2 La maniobra estratégica en el curso de las operaciones ... 92

6. CONCLUSIÓN DE GESTIÓN DE JACK WELCH 105

7. ELON MUSK 111

    7.1 Modelo de Gestión 115

    7.2 Objetivos estratégicos Elon Musk 117

    7.3 Despliegue estratégico de la maniobra estratégica inicial ... 118

        7.3.1 Objetivos de la maniobra estratégica inicial 119

        7.3.2 La Maniobra estratégica en el curso de las operaciones 137

8. CONCLUSIONES FINALES SOBRE ELON MUSK 147

9. CONCLUSIÓN FINAL 153

PRÓLOGO

Muchos hablan de estrategia estimado lector.

Pero la verdad es que pocas empresas realmente están comprometidas con una estrategia para su negocio.

Esto no es algo fuera de lo normal, puesto que la mayor parte del cuerpo gerencial carece de una visión general de su negocio, de su industria y de los negocios desde una perspectiva que les permita realmente comprender el alcance e impacto de sus decisiones.

Esta carencia evita que puedan apostar por una estrategia a la cual apegarse para llevar a su negocio hacia la consolidación.

La mayor parte piensa solamente en lo operativo y pasan la mayor parte del tiempo resolviendo problemas de índole operativa que solamente les permiten sobrevivir el día, la semana o el trimestre.

Pensar que no se puede ir más allá de esta dictadura se ha convertido en un paradigma en los negocios de hoy en día.

Es verdad que son muchas las exigencias, es verdad que la competitividad de las empresas es cada vez mayor, es verdad que la competencia entre las empresas es más intensa y que la velocidad con la que los cambios se gestan y tienen lugar es mayor a la capacidad de maniobra de las organizaciones.

Por todo esto es necesario apostar por una concepción estratégica que le permite a las empresas de hoy en día en primera instancia sobrevivir.

Posteriormente crecer y después consolidar su rentabilidad.

En ese sentido este libro es un gran aporte, porque además de analiza la realidad actual en torno al liderazgo y la gestión en las empresas para mantenerlas competitivas, nos presenta una alternativa a la que es necesario ponerle suficiente atención.

Sin duda Jack Welch y Elon Musk son figuras que no pasan desapercibidas por cualquier hombre o mujer de negocios serios.

La mayor parte conoce su fama y su éxito, pero pocos realmente conocen sus modelos de gestión y mucho menos tienen una idea clara de cómo estos modelos pueden aportar valor a sus organizaciones.

Este libro aporta mucho valor en ese sentido a través de una clara descripción y ejemplos muy concretos que te guían paso a paso por este proceso.

El Doctor Víctor Plaza tiene mucho que aportar a través de una visión que ha venido enriqueciéndose por su experiencia en la Marina, en los Negocios y en la Academia.

Este recorrido le ha permitido acuñar una visión que respeta tanto la importancia y exigencia del día a día, como la necesidad de pensar en el largo plazo y desarrollar acciones puntuales para que esa gran visión que se ha concebido tenga lugar.

Ya lo ha demostrado a través de su trabajo, en donde ha demostrado que es un innovador y un líder comprometido no solamente con la eficiencia, sino además de esto con la mejora de la sociedad.

Por estas razones quiero recomendarte estimado lector que aportes este libro y lo conviertas en tu guía, en tu manual de trabajo, en tu cómplice, en ese obsesivo aliado que siempre tiene algo que aportar y complementar a tu visión y que a su vez no tendrá reparo en ser directo contigo cuando sienta que tu razonamiento es meramente operativo, reactivo y carezca de una visión estratégica que permita caminar hacia el futuro.

Esta clase de libros y esta clase de aportaciones son cada vez mas escasas en un mundo que quiere girar solo con soluciones de microondas tomadas por emprendedores procaces incapaces de comprometerse en el largo plazo.

No cometas ese error, porque tu negocio será el que pague los platos rotos.

Disfruta su lectura y sobre todo acciona sus principios.

Mario Corona
Consultor de negocios y autor.

1. INTRODUCCIÓN.

Presentar hoy una obra sobre concepción estratégica y su relación con el liderazgo puede parecer una apuesta singular; actualmente es difícil creer en el genio de los estrategas, sin embargo, el rápido desarrollo de los acontecimientos a nivel mundial en los ambientes incontrolables de la tecnología, la política, las normas legales, la concientización de respeto al medio ambiente, las nuevas amenazas dentro y fuera de los territorios, como el terrorismo y el narcotráfico, establecen nuevas prioridades en la tomas de decisiones en los diferentes niveles de las organizaciones, ya sea a nivel de gobiernos, de bloques económicos, militares, alianzas estratégicas de corta duración, niveles corporativos de unidades de negocio o también funcionales.

Esto indudablemente inserto en un marco de gestión y competencias frente a los desafíos de la integración de los mercados en un mundo que se está globalizando muy rápidamente.

Globalización es convertir el planeta en una aldea global

que integra a todas las naciones en la prosperidad y en el respeto de la ecología, esta definición del embajador De Rivero se ve reforzada por Kenichi Omahe al pronosticar en aquella época; la declinación de las naciones estados porque la creación de riqueza adentro se ha tornado difícil, las industrias clave se han tornado fundamentalmente sin fronteras, los sistemas políticos tienen un sesgo hacia intereses especiales. El tamaño óptimo de las unidades de negocio mundial ha cambiado, actualmente un aproximado de 3-10 millones de personas. Así como las fuerzas fundamentales que operan todas sin fronteras son: la Comunicación/Información, Capital/ Inversión, Corporación/Industria, Consumidores/ Individuos.

George Soros[3] desarrolla el concepto de reflexividad, un mecanismo de retroalimentación bidireccional entre el pensamiento y la realidad, aunado a esto las palabras de falibilidad y el de sociedad abierta, en él manifiesta que los acontecimientos económicos y sociales, a diferencia de los acontecimientos que preocupan a los físicos y a los químicos, suponen la presencia de actores pensantes.

Y los actores pensantes pueden cambiar las reglas de la economía y los sistemas sociales en virtud de sus propias ideas acerca de esas reglas.

El desafecto hacia la estrategia proviene de las escuelas de negocio así como de las organizaciones donde el presente o la coyuntura es lo importante, relegando lo trascendente, porque la evaluación y calificación de hoy dependen del uso de mis recursos, y porque se les ha enseñado una estrategia y no la estrategia.

Mi experiencia en estos avatares de los cambios donde he sido actor o testigo de la mayor parte de los acontecimientos importantes en el aparato del Estado y fuera de él, donde encontré un denominador común: en la toma de decisiones no se tomaban en consideración ni la filosofía ni la estrategia, que son consideradas como dos disciplinas pasadas de moda y desdeñadas, a pesar de un reciente retoño de interés en el ambiente de las herramientas de medición y cálculo como el EVA y el tablero de mando o balance *scorecard*.

Sin embargo, al método de pensamiento que permite clasificar y jerarquizar los acontecimientos para luego escoger lo adecuado, no se le da la debida importancia; esto significa que existe una inacción en el pensamiento estratégico. Esto normalmente se debe a que los procesos de planeación a largo plazo no están diseñados para un mundo con mucha incertidumbre, ambigüedad y rápidos cambios, que es lo que sucede en el día a día.

Cada situación debe conceptuarse y le corresponde una estrategia particular: cualquier estrategia puede ser la mejor en una situación, e inoportuna en otra, esa es la verdad esencial.

Ralph M. Stogdill[4], en su resumen de teorías e investigaciones del liderazgo, señalaba que "existen casi tantas definiciones del liderazgo como personas que han tratado de definir el concepto", entendiéndose el liderazgo gerencial como el proceso de dirigir las actividades laborales de los miembros de un grupo y el de influir en ellas.

Como colofón de esta parte, es que el líder, para poder desarrollar actividades con éxito, debe obtener una concepción estratégica, y viceversa, un estratega sin liderazgo no arribará a puerto en el tiempo y en las condiciones adecuadas para beneficio de la organización ni de sus clientes.

2. EL PENSAMIENTO ESTRATÉGICO

2. El pensamiento estratégico

El pensamiento estratégico es un proceso mental, y como tal tiene un principio y un fin, y le podemos agregar, como bien define Michael Porter, que genera valor y se transforma en la solución concreta a un problema o situación que se presente, y este se realiza porque el análisis es su punto de partida.

Como lo enuncia Kenichi Omahe[5] en relación con el pensamiento estratégico: "el estratega debe desmembrar la situación problema en sus partes constitutivas, y una vez que conoce el significado de cada parte, debe volver a juntarlas intentando aprovechar al máximo la ventaja competitiva de la empresa.

La solución obtenida de esta forma es distinta de la conseguida con el pensamiento lineal, ya que hemos identificado y estudiado los elementos concernientes a nuestro problema y los hemos organizado de una manera relevante [...]".

Esto significa que la situación final tiene una forma y volumen que difiere del aspecto inicial del mismo, pero que le permite visualizar esa posible solución de una manera más clara y convincente.

El ejecutivo a cargo de la organización a menudo tiene dos gorras, la primera está relacionada con la administración de los recursos y la segunda con el liderazgo. Es de la rama del liderazgo que se desprende el pensamiento estratégico que va a dar inicio al modelo de la concepción estratégica.

El líder aprecia una visión de la situación, que es un proceso creativo e intuitivo y, como lo expresa Omahe, inaceptables para el simple analista, que es un pensador flexible que entiende la completa gama de alternativas y constantemente sopesa los costos y beneficios de cada uno. Para considerar alternativas se pregunta "¿qué pasaría si...?" o "si la situación fuera tal y tal, ¿cuál sería nuestro mejor curso de acción?".

El curso de acción es también un componente estratégico que solo existe mientras estén presentes los competidores.

¿Por qué es el líder el que debe de formular el pensamiento estratégico? La respuesta cae por su propio peso: es porque le permite diseñar una visión compartida, ya que es el pensamiento estratégico el que debe de posicionarse en la mente de cada integrante de la organización, de tal forma que la institución pueda ser optimizada al máximo cuando desarrolle sus actividades y de acuerdo con los métodos modernos de gestión, como una organización inteligente que aprende a aprender.

Las directivas son menores y existe un faro iluminador permanente en la mente de cada miembro de la dotación de la organización.

El pensamiento estratégico es una gimnasia mental que debe ser ejercitada en forma permanente por el o los ejecutivos de los más altos rangos, de tal forma que puedan desarrollar el método analítico e intuitivo.

Normalmente un pensador estratégico se establece las siguientes preguntas:

- ¿Qué queremos lograr? (intención)
- ¿En qué nos enfocaremos? (concepto)

- ¿Qué pasos vamos a dar? (objetivos)

- ¿Con qué tenemos que trabajar? (recursos u objetos)

- ¿Cómo vamos a juntarlo todo? (integración y sincronización)

- ¿Qué haremos en seguida? (maniobras)

Según Pahalad y Hamel[6], las empresas japonesas como Toyota, Canon y Komatsu, querían alcanzar el liderazgo mundial porque la alta gerencia de estas compañías generó una obsesión de triunfar en todos los niveles de la organización, logrando conseguir los recursos para este fin.

La consultora McKinsey ha estimado que en el periodo 1980-1993, 103 compañías en conjunto erosionaron el patrimonio de sus accionistas en 300 mil millones de dólares por errores de estimación de los acontecimientos futuros, invirtiendo en petróleo a precios altos.

El enfoque de los escenarios reconoce que solo algunas cuestiones pueden ser previstas, mientras que otras son esencialmente incógnitas. Los escenarios tienen más que ver con el pensamiento estratégico que con la planificación estratégica.

Otro ejemplo de pensamiento estratégico es el de ISRAEL Benjamín Beit-Hallahmi (autor)

Comparados con los de los demás países del área mediterránea, y quizá de todos los países del mundo, los problemas estratégicos y, por lo tanto, el *pensamiento estratégico de Israel,* constituyen un caso completamente excepcional; lo que aquí está en juego no es el poderío ni la superioridad sobre los Estados vecinos, sino nada menos que la supervivencia.

Y, en este caso, supervivencia no significa la de un **régimen dado ni la de una hegemonía en el seno del Estado-nación, sino la simple existencia de ese Estado-nación.**

Como observamos, el pensamiento estratégico normalmente es generado por la o las mentes más lúcidas de la organización y estimulan el desarrollo de las demás acciones.

3. OBJETIVOS ESTRATÉGICOS.

3. Objetivos estratégicos

El objetivo estratégico es en sí la finalidad que tiene la maniobra estratégica y abarca toda la acción que el estratega utilizará. Hay en sí una intención definida por parte del estratega con relación a la elección de dicho objetivo estratégico.

El objetivo estratégico no pertenece al estratega, es decir, es exterior a este pero pertenece a su voluntad para alcanzar el fin deseado.

Antes de seleccionar o considerar un objetivo como estratégico, es necesario determinar su utilidad o conveniencia para que este represente una meta como consecuencia del deseo de obtenerlo o conquistarlo.

Los objetivos estratégicos pueden o no variar con relación al tiempo-espacio, según varíe el pensamiento del líder, pero estando ya clasificado de acuerdo con su superioridad, permiten que el estudio de ellos se efectúe de acuerdo con la maniobra estratégica.

En consecuencia, se puede afirmar que no existe un estratega que no tenga objetivos estratégicos, debido a que existe una relación permanente entre el sujeto y el objeto. La calidad de los objetivos estratégicos que seleccione el estratega serán consecuentes con su personalidad y con las determinaciones futuras.

Ejemplos de objetivo estratégico.

Objetivo estratégico de la Universidad de Chile.

Es necesario construir una universidad con liderazgo efectivo en los campos más tradicionales y en los cuales la Universidad de Chile ha probado su excelencia y tradición.

Deberá además, y cumpliendo así con su rol nacional, desarrollar un liderazgo en las áreas más cruciales en vistas al desarrollo futuro del país, particularmente en aquellos ámbitos en que la competencia no adquiere significativo desarrollo por ausencia de incentivos directos o limitaciones de recursos; esto es aplicable, por ejemplo, a las ciencias puras, la ingeniería y el área biológica.

La calidad de la institución a la que se debe aspirar es la de "buena" respecto de estándares internacionales, no siendo satisfactorio ser solo la mejor en el contexto nacional; para ello deberá progresarse en la idea de acreditación internacional en las distintas áreas.

Tal liderazgo se debe manifestar en términos de

publicaciones académicas, logros en la creación y difusión artística, y calidad en los servicios docentes proporcionadas al mejor nivel de estudiantes del país. Si bien es cierto, su objetivo es demasiado amplio, sí tiene un buen comienzo al identificar las áreas vitales en donde se van a realizar las operaciones, las ciencias puras, la ingeniería, y el área biológica.

CONCEPCIÓN ESTRATÉGICA

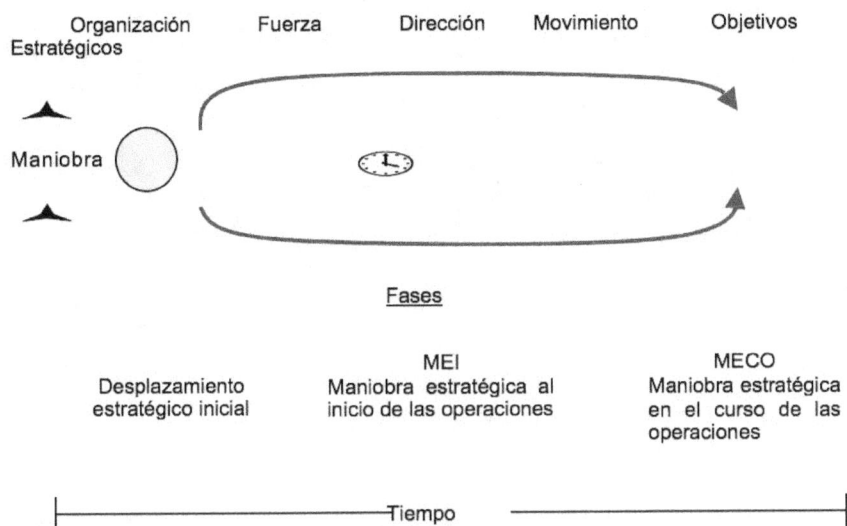

4. MARCO TEÓRICO DE LA CONCEPCIÓN ESTRATÉGICA

4. Marco teórico de la concepción estratégica

4.1. Influencias en la concepción estratégica:

- Las dimensiones y características del espacio o los espacios geográficos que conciben las variables incontrolables de la política, el ambiente legal, cultural, los ciclos económicos en que se encuentra el Estado-nación, su situación macroeconómica, etc.

- La segmentación de este espacio geográfico si es que el negocio no es estandarizado y su accionar es de carácter multidoméstico.

- El balance económico de los competidores y sus respectiva alianzas estratégicas o elementos de apoyo directos e indirectos a niveles de gobierno o grupos de presión o de poder.

- El tiempo disponible para preparar la organización en este curso de acción seleccionado y que se encuentre en condiciones de actuar en el lugar escogido y en el momento apropiado.

- El tipo de acción (o guerra) como le llamemos, será de corta duración o de larga duración, todo dependerá de las operaciones que se describirán en la maniobra estratégica.

- El costo, riesgo y beneficio esperado en esta secuencia: el líder deberá trazarse posibles escenarios.

- Cuando se realiza una concepción estratégica cuyo desarrollo va a ser en territorios fuera del ámbito doméstico, deberá de apreciar si su accionar tiene una presión sobre los costos o sobre la aceptación de sus productos, porque esto en cierta forma va a enmarcar su maniobra.

La concepción estratégica, una vez desarrollada, debe ser escrita y firmada por el líder y ser distribuida e interiorizada, de tal forma que represente un documento oficial a desarrollar.

4.2. La maniobra estratégica

https://www.youtube.com/watch?v=MgJ-PaPE1ZI&t=580s

"Cuando se concreta un acto estratégico, queda lanzada una fuerza con una dirección y una intensidad precalculadas. Esa fuerza es dirigida a un objetivo; el procedimiento, el modo, la forma o el movimiento elegido para que ella avance desde el presente hacia la meta fijada se llama maniobra[7].

"Este factor (la maniobra), que en cierta medida rige a los otros, es el que resulta de la dialéctica de la lucha, de la esgrima abstracta de los dos combatientes"[8]. Este es el elemento más importante que una organización y su líder deben de internalizar en una organización empresarial: los fundadores de la organización con un espíritu de emprendimiento detectan una oportunidad de negocio, y visualizan grandes oportunidades de crecimiento; en algunos casos intuyen el negocio de manera rápida, en otros se guarecen en más análisis; como instrumentos financieros y de mercado analizan también lo elementos de decisión y generan una organización donde depositan la confianza en algunos elementos para la toma de decisiones a nivel funcional, operativo y de control, y se activa la organización.

En algunos casos este tipo de organizaciones crece acorde con el ciclo económico, con el desarrollo del sector industrial al que pertenecen, o de acuerdo al ciclo de vida de sus productos, pero lo imprescindible es dejado de lado porque el devenir diario no les permite gobernar el futuro o existe una miopía propia de sus características mercantilistas en el corto plazo por temor al futuro, lo que ocasiona que muy pocas organizaciones tengan más de diez o veinte años de gestión o de vida útil.

La maniobra estratégica que deviene del ambiente militar tiene sus posibilidades de desarrollo en el ámbito empresarial.

Muchas organizaciones se dan cuenta de que tienen que tener un faro que guíe a la organización, ya sea para obtener buenas utilidades, para crecer, para reducir sus costos operativos o para interiorizar en los trabajadores el móvil de la importancia de su organización, y se desarrolla una serie de herramientas de gestión, como los planes estratégicos, el mejoramiento continuo, el tablero de mando o balance *scorecard*, la reingeniería y otros.

Sin embargo, al poco tiempo la desazón se hace presente en el líder y este cuestiona todas estas herramientas y se intuye una parálisis o desencantamiento de estas herramientas, que por cierto son útiles, pero el tema es que no cumplen lo que predican y no hay mejor y mayor certidumbre cuando las cosas caminan, pero no a trompicones sino de manera natural.

Peter Senge en *La quinta disciplina* expresa lo siguiente: la planificación estratégica, que debería ser un bastión del pensamiento de largo plazo, a menudo es reactiva y de corto plazo.

Según dos de los críticos más lúcidos de la planificación estratégica contemporánea, Gary Hamel de la Escuela de Negocios de Londres y C. K. Prahalad de la Universidad de Michigan, aunque la planificación estratégica se describe como un modo de orientarse hacia el futuro, la mayoría de los directivos, bajo cierta presión, admiten que sus planes estratégicos revelan más sobre los problemas de hoy que sobre las oportunidades de mañana.

Con su énfasis en el análisis de las fuerzas y flaquezas de los competidores, el mercado y los recursos de la empresa, la planificación estratégica no alcanza el único logro que alentaría acciones de largo plazo. En palabras de Hamel y Prahalad, establecer "un objetivo que sea digno de un compromiso".

Las visiones compartidas surgen de visiones personales[9].

4.2.1. Elementos de la maniobra estratégica

a) Análisis

El pensamiento estratégico es el punto de partida del estratega, pero este pensamiento caería en un tremendo error si de frente se presenta a un plan estratégico, porque el equipo de trabajo al no tener una guía de pensamiento, "un modelo", elegirá un método acorde con sus inclinaciones y situaciones del momento, como bien lo han expresado líneas arriba Hamer y Prahalad.

La maniobra estratégica, definida como una fuerza, una dirección y un movimiento, involucra los componentes de esta fuerza y el movimiento es la secuencia de acciones por desarrollar con la finalidad de alcanzar objetivos estratégicos.

b) La fuerza

Comprende los elementos de maniobra de la fuerza: si es una corporación, las unidades estratégicas de negocio que están relacionadas al mercado, ya sea en acción directa como relacionada o como acción indirecta como no relacionada; si es una unidad estratégica de negocios serán otras de las UEN subordinadas o de apoyo, compañías, divisiones o secciones componentes.

En ambos casos "el centro de gravedad" de la fuerza será el *know how* administrativo y operativo que la organización tiene, sus capacidades y habilidades de sus componentes, entendiendo por habilidades lo que puedan realizar por iniciativa sin estar recibiendo órdenes permanentemente y proporcionar valor agregado a sus acciones, y por capacidades el potencial que puedan desarrollar.

En el ambiente estratégico la fuerza contiene el objeto estratégico (recursos, capacidades y habilidades) que permitirá alcanzar los objetivos estratégicos.

Cuando Michael Porter diseña su cadena de valor y la divide en actividades primarias, actividades de apoyo, lo que está exponiendo es un diseño organizacional operativo como lo hacen las fuerzas armadas en los respectivos teatros de operaciones: no son las organizaciones en tiempo de paz, son las organizaciones en tiempo de guerra que se activan porque lo más importante es enfrentar, destruir, neutralizar a la o las amenazas.

A este tipo de fuerzas se les llama fuerzas de tarea, unidades de tareas que tiene misionamientos temporales y que son flexibles de acuerdo a las situaciones estratégicas y tácticas: es así como la fuerza tiene que ser diseñada con aquellos elementos que nos represente una o unas ventajas competitivas sobre los competidores, ya sea como acertadas políticas de precio, calidad en nuestros productos, capacidad de nuestro operarios, fuerzas de ventas motivadas, canales de distribución engarzados a las demandas, y reacciones adecuadas en el tiempo, costos reducidos, imagen de nuestra marca en un alto nivel, innovación en el ciclo de vida de nuestros productos etc.

c) **Movimiento**

Esta es la parte de la maniobra que involucra la

velocidad, el espacio y el tiempo. La velocidad, porque debemos regularla de acuerdo a nuestras capacidades logísticas y hasta dónde queremos llegar y cómo queremos llegar, y cuáles son los costos por llegar, y si debe ser una velocidad uniformemente acelerada; es importante este análisis.

Luego, el espacio que vamos a transitar o en el cual nos estacionemos para descansar y reavituallarnos y preparar nuestras fuerzas; el espacio no solo es físico puede ser digital, promocional, electromagnético, el espacio es todo aquel medio en donde nos moveremos.

El tiempo es la variable más delicada y en la que en Occidente la pensamos de una manera muy superficial: pregúntenle a un ejecutivo sobre el tiempo de sus operaciones y automáticamente las relaciona con participación en el mercado, utilidades costos, y todo esto de acuerdo con un presupuesto operativo, y les da cifras por el año, ¿y después?; en el tiempo también se debe de considerar las variables incontrolables que no nos gusta tocar: nos gusta aquello que podemos manejar, y en ese ambiente ponemos toda nuestra energía, pero son las variables incontrolables las que verdaderamente van a ser trascendentales en nuestra maniobra, como la política, la variable cultural, la variable económica, tecnológica, social, ecológica.

Tratemos el tema de los competidores en el movimiento. En el nivel estratégico militar se conoce a la **iniciativa estratégica** como ser capaz de lograr que el adversario realice actividades y / o movimientos que favorezcan la misión propia, es decir se habría maniobrado al enemigo a través del esfuerzo propio imaginativo.

La libertad de acción es cuando uno de los beligerantes cuenta con un grado considerable de capacidad de actuar con entera libertad y sin efectos negativos de restricciones de medios.

El éxito estratégico es alcanzado cuando se logra el objetivo estratégico de la misión, lo que significa haberla cumplido satisfactoriamente.

En la maniobra estratégica debemos de tener en consideración estos dos elementos estratégicos, esto significa que a nuestros competidores debemos de engañarlos sobre nuestras intenciones, de tal forma que ellos, por ejemplo, piensen que estamos en una guerra de precios mientras no lo estamos; que piensen que vamos a retirar productos del mercado para que piensen en producir más unidades que las que necesita el mercado; hacerlos caer en la trampa de la desinformación.

Y la libertad de acción es cuando, analizando el mercado actuamos como Procter & Gamble invadiendo el mercado con todas las alternativas de diferenciación que no les permita libertad a los competidores y arrinconarlos en algunos nichos y/o segmentos, de tal forma de mantenerlos controlados.

d) **Dirección**

Involucra las aproximaciones que debemos de efectuar, y es en este campo donde el estratega no puede fallar, porque la fuerza y el movimiento serán sobre la dirección que tracemos: me refiero a los varios rumbos estratégicos que nos llevarán a cumplir u obtener los objetivos estratégicos.

Los rumbos o aproximaciones pueden ser directos e indirectos; en esta oportunidad, y diferenciándome de los conceptos de los generales Beaufre y Hart, eximios estrategas, cuando expongo el rumbo o aproximación directo presento una determinación que la hago conocer a los grupos de interés, que pueden ser de poder y presión, o a los grupos de referencia y a los competidores: les comunico acá estoy y allá voy, e indudablemente esto me da cierta preeminencia para descremar el mercado, obtener la atención de los participantes del mercado, y permitirme una iniciativa estratégica adecuada.

Indudablemente, en esta oportunidad debo de tener los recursos, capacidades y habilidades para efectuar tal acción; en el campo estratégico político el ejemplo más saltante es el de los EE.UU. y su nueva concepción estratégica[10].

49

"En realidad, el ataque de septiembre del 2001 sirvió como un catalizador de tendencias y visiones más profundas que se venían debatiendo al interior de Estados Unidos y que encontraron su expresión máxima en un documento publicado por la Casa Blanca en septiembre del 2000 denominado The United States National Strategy. Este poco publicitado documento marca un quiebre respecto de las concepciones estratégicas de Estados Unidos vigentes desde por lo menos 1949. La estrategia de contención ha dado paso a una nueva estrategia de acción preventiva".

Esto significa que los EEUU, han comunicado al mundo que intervendrán en cualquier país que afecte sus intereses vitales cuando lo estimen conveniente como una acción preventiva.

4.3. Aplicación del modelo: fases

Este desarrollo intelectual es producto de muchos años de observar diversas manifestaciones de gestión en el Estado peruano, en la fuerza armada y en la actividad privada. Siempre tuve la inquietud de tratar de entender por qué los sistemas verticales de gestión en algunos casos eran excelentes y en otros un fracaso; porqué en organizaciones presupuestadas y con metas programadas por alcanzar no se conseguían los objetivos funcionales y corporativos.

Y, lo más lamentable, si no se alcanzaba no era problema de nadie, era la situación, no había responsables; y las organizaciones internamente sí se afectaban porque deseaban alcanzar las metas propuestas: el tema es que **no había una concepción estratégica del líder de la organización.**

La concepción estratégica es la más alta abstracción que formula el líder y CEO a la organización, y, en algunos casos, a los grupos de interés, y es el documento que debe ser conocido por toda la organización. Esta característica permitirá al líder poder hacer llegar el pensamiento estratégico de forma directa, y establece para ello una maniobra estratégica.

En la maniobra estratégica el líder deberá ser lo suficientemente intuitivo, así como analista, para poder determinar el uso de la fuerza, la dirección y el movimiento hacia los objetivos estratégicos.

La maniobra estratégica tiene varios componentes, el primero es el despliegue estratégico que normalmente se realiza en el ambiente militar antes de que se inicien las operaciones, con la finalidad de aprovechar los principios estratégicos de la sorpresa, la seguridad y la economía de fuerzas. En el ámbito empresarial es conveniente que estos movimientos deban de ser negados a los competidores haciendo creer a ellos de otras intenciones.

En el Perú, un ejemplo tácito de ello es el comportamiento de la empresa de bebidas gaseosas Kola Real; esta organización empezó sus operaciones en 1982 como una empresa familiar, lejos del mercado de la capital, el más importante; lo hizo en provincia, en mercados secundarios, pero todos ellos con una característica en común: no eran atendidos adecuadamente por el líder de esas regiones.

Se fue posicionando en la mente de los consumidores potenciales como la bebida "del precio justo" en los mercados secundarios, estableció y cimentó bien sus canales de distribución y cuando estuvo todo listo y la competencia no lo esperaba efectuó un ataque sorpresivo en los canales de distribución de la competencia, dio inicio a la "batalla decisiva", sorprendiendo a tirios y troyanos por su capacidad de respuesta logística ante la creciente demanda de sus productos en el mercado limeño, logrando a la fecha arrebatarle una buena tajada de la participación al líder.

La maniobra estratégica en el inicio de las operaciones debe irrumpir con determinación y con toda la decisión, de tal forma de ser posible romper el centro de gravedad de los competidores: es ideal que los desubique, que pierdan la noción del tiempo y el espacio, de tal forma de permitirnos pasar a la segunda fase, que es la maniobra estratégica en el curso de las operaciones que debe de consolidarse cuando se alcancen los objetivos estratégicos formulados con previa antelación.

La maniobra estratégica en el curso de las operaciones recibe la máxima presión porque hay una o varias reacciones de los competidores y no nos debemos de olvidar que el campo de batalla es la mente de los clientes o los consumidores finales, y en este trabajo pueden suceder muchas cosas, porque si damos malos pasos nuestras dificultades pueden desencadenar, no apoyo sino beligerancia, por parte de los segmentos de mercados seleccionados. La cadena de valor juega un papel preponderante, las logísticas de entrada, las logísticas de salida, y las actividades deapoyo, como el área de abastecimiento, recursos humanos, desarrollo y tecnología e infraestructura, son trascendentales.

Samsung y Hawei son demostraciones de maniobras estratégicas en relación con movimientos tecnológicos adecuados que efectuaron su preparación y su despliegue a los mercados metas seleccionados con anticipación, de tal forma que cuando tuvieron los productos listos para presentarlos al mercado, los puntos de venta ya se encontraban posicionados en el mercado con análisis de costos y de *marketing* de los competidores. También utilizaron la maniobra indirecta: no se enfrentaron ni a Sony ni a Matsushita, segmentó adecuadamente el mercado y actualmente se encuentran, según mi opinión, en la fase de la maniobra estratégica en el curso de las operaciones. El concepto de Samsung que teníamos en la década del 80 es completamente diferente al que percibimos actualmente: es una organización inteligente, líder en tecnología y conocida a nivel mundial por sus características de servicio y atención al cliente inigualables.

5. EL MODELO DE LA CONCEPCIÓN ESTRATÉGICA DEL LÍDER DE GENERAL ELECTRIC

5. El modelo de la concepción estratégica del líder de General Electric Jack Welch

Si bien es cierto en la década del 80, General Electric bajo el liderazgo de Jack Welch, estableció los objetivos: que la compañía debía de concentrar sus recursos en servicios, tecnología y básicos, en el año 90 perseguía otros cuatro, ya que los anteriores los habían alcanzado y estos cuatro fueron: globalización, servicios, sigma seis y comercio electrónico.

Un objetivo estratégico es una iniciativa larga y duradera que cambia la naturaleza de la organización. El CEO o la persona a cargo de la organización, una vez que ha diseñado un pensamiento estratégico y desea implementarlo, debe de materializarlo a través de la concepción estratégica; este personaje debe ser el líder que visualiza el desarrollo de las operaciones, el cómo movilizará y desplegará los recursos para lograr en los competidores y en el mercado establecer su voluntad, que no es otra cosa que sus objetivos estratégicos.

Describe lo que realizará el personal de su *staff* y las unidades estratégicas de negocio; identifica el esfuerzo principal, y establece la prioridad de los esfuerzos de apoyo; finalmente, describe maniobras estratégicas que a su vez se subdividen en la maniobra estratégica inicial, la maniobra estratégica en el curso de las operaciones, los objetos estratégicos y los objetivos estratégicos.

5.1. Los valores como pensamiento estratégico

Jack Welch, al asumir el cargo, establece tres grandes directrices o valores como él les llama, que fundamentan su pensamiento estratégico: **realidad, calidad y excelencia, y el factor humano.**

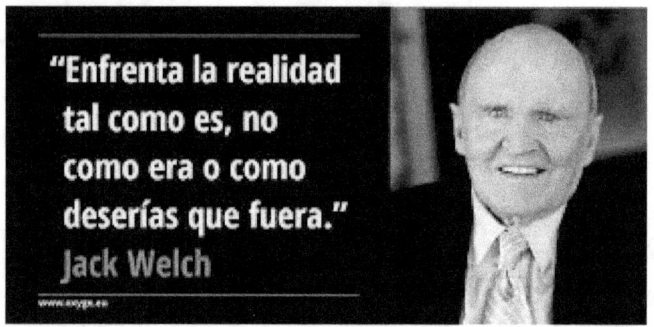

Es interesante lo que percibe como realidad: eso significaba que los funcionarios y empleados vieran lo que es la organización y el mundo, no como quisieran que fuese, eso permitía partir de una línea de base común en la empresa.

La calidad y excelencia significaba crear una atmósfera en la que todos los trabajadores de la compañía aspirasen a enorgullecerse de cada producto y servicio que ofrecen y que les permitiera superar los estándares o medidas de desempeño programadas.

El factor humano significaba una atmósfera donde las personas se atreviesen a improvisar y sentirse seguras al saber que solo los límites de su creatividad y esfuerzo determinarán hasta dónde pueden llegar y con qué rapidez.

Establece la importancia de la cultura organizacional, así como el que los integrantes de la corporación se sientan propietarios en la construcción del podio de los primeros o segundos en los diversos mercados donde se encuentren.

5.2. Los objetivos estratégicos de General Electric en los 90 y parte del 2000

Welch pensaba que las empresas no son globales, son los negocios, son los ejecutivos de las organizaciones los que globalizan los negocios, esta es una gran verdad que actualmente la estamos experimentando en todos nuestros países.

Los cuatro objetivos: globalización, ampliación del servicio, sigma seis y más allá, comercio electrónico, los definió en varios documentos de su gestión[11].

Globalización

Muchos gerentes se preguntan si están en una industria global y si su negocio debe tener una estrategia global. Más acertado sería que preguntaran en qué grado es global su industria y en qué grado debiera ser global su estrategia mercantil[12].

A principios de los 90, Jim Mc Nerney fue nombrado presidente de GE Asia; el objetivo estratégico fue concertar pactos, buscar contactos empresariales y convertirse en los líderes del Asia. Establecer en Hong Kong el centro de gravedad de los negocios de generadores de energía retirándolo de EE.UU., pasaron de nueve mil millones a 53 mil millones al año 2003.

A mediados de los 90, cuando México devaluó el peso y su economía se encontraba en dificultades, GE realizó más de veinte adquisiciones y fundaciones de empresas de riesgo compartido aumentando significativamente su base productiva.

En el año 94 los negocios médicos, de iluminación y energéticos se vieron favorecidos con las adquisiciones, que si bien es cierto no eran muy rentables, sí proporcionaban canales de distribución y tecnología hacia esas familias de productos a nivel geográfico, regional y mundial.

La estrategia fue centrar su atención en áreas del mundo que estaban en transición o claramente desfavorecidas, considerando enclaves para realizar operaciones de riesgo que podían reportar grandes beneficios. Europa, que desde comienzos del 90 hasta mediados de esa década su economía no estaba bien, GE divisó oportunidades en el sector financiero.

Desde 1994 al 2000, 89 mil millones de dólares de los 16

1 mil millones de dólares en activos adquiridos por GE Capital, se encontraban fuera de EE.UU.

En China tuvieron un traspiés con el negocio de las bombillas: se encontraron con más de dos mil nuevos productores como competencia directa.

GE pasó, de pensar en la globalización en términos de mercados, a pensar en ella en términos de generación de productos y componentes y, por último en reclutar el capital intelectual de los países, en especial de la India.

Ampliación de servicios

Normalmente, el servicio fue visto en las décadas anteriores como sin importancia, sin respuesta al crecimiento del mercado ya sea por los vendedores o por los ingenieros de producción, así como por los diseñadores y contratistas.

Cuando obligaron a GE a dejar de producir nuevos reactores nucleares, para sobrevivir tuvieron que crear una empresa de servicios que cambió la naturaleza del negocio y lograron un incremento de los beneficios de miles de millones de dólares.

De los servicios médicos el 31 % en el año 90 vio un incremento al 41 % de los más de siete mil millones de dólares que generó en el año 2000.

En el año 96 en el área de servicio de motores se creó una empresa de centro de servicios independiente, adquiriendo empresas en Brasil y en Inglaterra.

El objetivo fue lograr que el *staff* de ingenieros pasara, de pensar en el diseño de nuevos motores a dedicarse a actualizar y mejorar los motores ya instalados, incrementando los ingresos del 40 % en el 94 al 60 % en el 2000.

Las adquisiciones efectuaron un papel importante en el crecimiento de los servicios, desde el 97 al 2000 los sistemas médicos adquirieron 40 empresas de servicio, los sistemas energéticos 31 y el sector de motores aeronáuticos 17.

Welch establece que la inversión en la tecnología del servicio es fundamental por varias razones. La primera, a los clientes se les permite una amortización de la inversión en tres a cinco años en lugar de uno a dos años para poder justificar la inversión en los servicios.

Objetivos específicos, como alargar la vida útil de un reactor, mejorar el rendimiento de una planta eléctrica, o reduciendo el tiempo de atención a un paciente.

Las empresas de servicio crecieron de ocho mil millones de dólares en el año 95 a 19 mil millones en el año 2001, debiendo alcanzar los ochenta mil millones en el año 2010.

Otra noticia exorbitante es que GE en acumulación de contratos de servicio a largo plazo han pasado de seis mil millones de dólares en el año 95 a los 62 mil millones en el año 2001.

Sigma seis y más allá

Sigma seis significa alcanzar un nivel de calidad de menos de 3, 3 defectos por millón de operaciones, ya signifique un 99.9966 % de perfección.

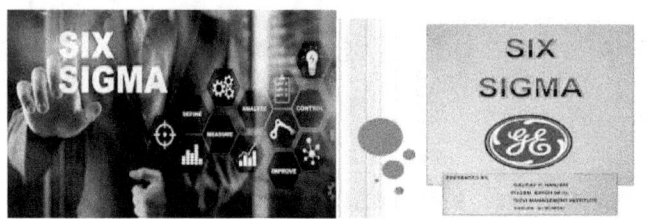

Welch detectó que el factor de calidad constituía un problema, desarrollando este programa la reducción de costos se situaría ente los siete mil y los diez mil millones de dólares, lo cual significaba un ascenso entre el diez y el 15 % de las ventas; este programa se implementó en enero de 1996, se dio cuenta de esta revolución.

Cada proyecto debía concordar con los objetivos del negocio y el resultado final.

Se redujeron los errores de facturación y los inventarios, las repuestas de los centros de telefonía, también la productividad se expandió; un tema fundamental es la toma de medidas: sin abandonar su puesto de trabajo la mayoría de empleados fueron reciclados.

Los procesos de utilización de Sigma seis mejoraron en GE Capital un ahorro de 150 millones con los mismos trabajadores al reducir el 24 % de reducción de costos a 3 %, asimismo esa situación se presentó en los diseños de productos en GE Plastic.

Sigma seis se utilizó de la siguiente forma: primero se atacaron los costos, se mejoró la productividad y se repararon los procesos perjudicados; en la segunda fase se utilizaron los sistemas estadísticos de Sigma seis para diseñar y producir nuevos productos.

La gran revolución fue descubrir las características de la variabilidad; de eso trataba Sigma seis, o sea la conexión entre un promedio y la variación: esto significa el lapso antelación o demora entre el servicio o producto que proporciona la compañía al cliente en relación con el día en que el cliente quiere el producto. Esto condujo a las siguientes reducciones: el negocio de plásticos redujo su lapso de cincuenta días a cinco, el de motores aeronáuticos de ochenta días a cinco, y el de seguro hipotecario de 54 días a uno.

En el año 2000 el 15 % de la franja ejecutiva había seguido el sistema Sigma seis, en el 2003 el 40 %, y se pronostica antes del 2008 que lo haya seguido toda la planta de la organización.

Comercio electrónico

En el año 99 Welch establecía que la organización necesitaba utilizar el Internet para publicitar su marca ni sus productos: contaban con áreas de negocios establecidas, no era necesario crear empresas que se encargaran de los pedidos de los clientes, ni construir almacenes para los productos, sigma seis se encargaría, se utilizaría Internet para eliminar el trabajo de poco valor.

Se dio cuenta de que el rendimiento de la nueva tecnología para las grandes empresas es enorme.

El comercio electrónico permitió expandir los mercados actuales y captar nuevos clientes, la base de suministro de GE fue más global.

Welch especificó las ventajas del Internet, compras, trámites y ventas.

En relación a las compras, si bien es cierto se consiguió una reducción de cinco 5 a 10 % en conseguir precios más bajos, el costo de nuevos proveedores también se incrementa por varias razones, entre ellas, impuestos, almacenamiento y costos burocráticos.

Para GE, la agilización de los tramites, la digitalización elimina montañas de papel, en el año 2001 alcanzaron ahorrar mil millones de dólares.

En cuanto a las ventas, Internet permitió mejorar los servicios. Los pedidos se realizan con más rapidez. Los clientes habituales y los nuevos pueden obtener información sobre los envíos sin tener que telefonear continuamente.

En el año 2000 se vendió por valor de siete mil millones de dólares, en el 2001 por valor de 14 mil millones de dólares.

Se dieron cuenta de que no es conveniente que nadie se interponga entre la organización y los clientes y proveedores porque retarda mucho tiempo para consolidar estas relaciones y perderlas no es conveniente.

El sector de los plásticos fue uno de los más favorecidos porque se contrató personal especializado y se logró que los clientes habituales compraran por Internet: las cifras cantan por sí solas, se incrementaron las ventas de 500 a mil millones.

Recién en junio de 1999 Welch se dirigió a toda la compañía; el beneficio fue que logró recibir seis mil comunicaciones entre ideas, impresiones, respuestas, quejas, preocupaciones y emociones: todos participaban en el juego.

Se han logrado nuevas formas de negocio: el control a través de una línea dedicada para tener contacto con los principales clientes y proveedores.

Los altos cargos de GE, así como los directores ejecutivos, comparten la información de las adquisiciones y ventas y realizan cálculos sobre las 22 empresas más importantes de la organización.

Se ha logrado reducir y hasta casi eliminar el uso del papel, reduciendo diez mil millones de dólares, un 30 % de los gastos generales en lo que es la digitalización de los flujos de trabajo, así como el incremento del tiempo del personal de ventas con sus clientes habituales o potenciales.

El acceso al intercambio de información en tiempo real ha generado mucho valor a GE, varios determinados puntos de vista como facilidades para los clientes en información y toma de decisiones, así como facilitar a la organización el poder establecer un *marketing* relacional.

5.3. La maniobra estratégica de Jack Welch como CEO de la GE

Habiendo Jack Welch establecido los valores en la organización y reconocido en la década del 90 los objetivos estratégicos de GE con la finalidad de ser el número uno y/o dos en los diferentes mercados, formula su maniobra estratégica de la siguiente forma.

Los objetivos estratégicos formulados y que las diferentes unidades de negocio tenían que alcanzar, incluían como recompensas (aumentos de salarios, concepciones de aportación sobre acciones, y reconocimiento de méritos en las reuniones empresa) son:

La globalización, ampliación de servicios, sigma seis y más allá, comercio electrónico.

El líder inteligente prioriza los objetivos estratégicos porque van a permitir una secuencia de la maniobra en los diferentes escenarios para poder alcanzarlos.

Tenemos casos históricos, como el del general ateniense

Temístocles, que adelantándose en el tiempo a la invasión de Atenas por parte de Jerjes, pudo conseguir los recursos para poder diseñar una flota naval que pudiera evitar y a la vez destruir el potencial enemigo con el diseño y construcción de unidades navales llamadas trirremes.

En esa oportunidad, fue Temístocles como líder el que concibió la batalla de Salamina en el golfo del mismo nombre, y es más, fue un absoluto secreto, usando maniobras de engaño y diversión, como el de permitir que Jerjes ocupase Atenas, la capital; fue esta una maniobra de diversión con la finalidad de atraer al enemigo al campo de batalla preparado por él.

Welch, ávido lector de Moltke[13], general prusiano, quien se dio cuenta de que la movilización y la concentración inicial del ejército eran incalculables y que las fuerzas tenían que ser preparadas con mucha anticipación, así como que un error en la concentración inicial acarrearía grande dispendios de recursos; conceptuaba también la libertad de acción de los comandantes en los diferentes combates, con la finalidad de adaptarse a las ventajas sobre el terreno y el uso óptimo de los recursos.

5.3.1 La maniobra estratégica inicial de Welch

Jack Welch al ingresar a General Electric se dio cuenta ya en el octavo año que podía hacer carrera en la organización y se fue preparando para tal efecto.

Al asumir el cargo estableció los valores de la realidad, la calidad, el factor humano, y la excelencia, como principios fundamentales de su gestión, así como objetivos iniciales de pertenecer al primer o segundo puesto en los diferentes mercados donde se participase.

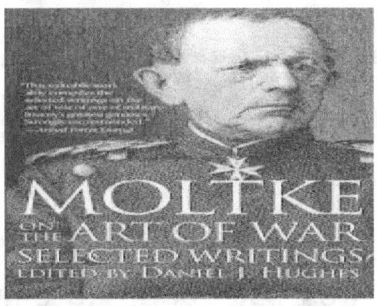

Al leer a Moltke se hizo las siguientes cinco preguntas:

- En la actualidad, ¿cuál es la posición global específica de su empresa y la de sus competidores: cuotas de mercado, fortaleza por línea de producto y por región?
- ¿Qué acciones han llevado a cabo sus competidores

en los últimos dos años que hayan modificado el horizonte competitivo?

- ¿Qué ha hecho usted en los últimos dos años para modificar ese horizonte?

- ¿Qué es lo que más teme que puedan hacer sus competidores en los próximos dos años para cambiar el horizonte?

- ¿Qué va a hacer en los próximos dos años para adelantarse a los movimientos de sus competidores?

Detectó que se avecinaba una crisis y que la organización era muy vulnerable por su magnitud: eran 42 unidades de negocio; tenía que actuar rápido, concentrarse en negocios globales de gran crecimiento y alto rendimiento. Se concentró en tres categorías de empresa: fabricación de productos principales, tecnología y servicios.

5.3.1.1 Despliegue estratégico de la maniobra estratégica inicial

Jack Welch priorizó sus objetivos estratégicos y los dividió en dos y dos, la globalización y la ampliación de los servicios en la maniobra estratégica inicial y sigma seis y el comercio electrónico en la maniobra estratégica en el curso de las operaciones.

Hay un cantautor panameño, don Roberto Blades, que en una de sus canciones expresa: "...y cómo lo hace, no sé cuál es su secreto no sé...".

Jack Welch rápidamente se dio cuenta de que las personas son las que generan valor junto con la asignación de recursos y el apoyo desde arriba, solicitando más a menos personal y quedándose con los mejores; de acuerdo a su pensamiento de "incremento sostenido de beneficios", redujo sus unidades de negocio con la finalidad de poder acelerar la lucha contra la burocracia, así como de emprender acciones a largo plazo para fortalecer a la Corporación, asignando los recursos a unidades de negocio rentables y con futuro, y actuando decididamente sobre personas, centros de producción e inversiones. Entonces la prensa le puso "Jack Neutron", y en forma secuencial creó en Fairfeld "la escuela de General Electric", llamada Crotonville.

Crotonville fue su primer secreto por dos razones, la primera una escuela de selección de los directivos, y la segunda podía ser un laboratorio donde hacer conocer la estrategia que quería implantar, y así lo hizo desde el 81 hasta el 2001, en que dejó la empresa.

El despliegue estratégico se materializa en una forma de colocar las fuerzas de la organización en una posición que permita al inicio de las operaciones poder actuar.

Crotonville preparó los cuadros durante doce años en forma silenciosa pero efectiva; cumpliendo las directivas de Jack Welch, se efectuó una metanoia en los cuadros; la actitud y la aptitud estuvieron conjugadas en todo momento, se cambiaron muchos modelos mentales y, lo más importante, se hizo ver la importancia de que GE era todo un sistema sin barreras, una corporación que derribaría los muros externos y convertiría a clientes y proveedores en parte de un proceso único; eliminaría los pocos muros visibles entre razas, género; preparados, pondría al equipo por encima del individuo, y que todo se basa en el aprendizaje y los resultados.

La cultura de GE está basada en una moneda de dos caras: activos de Ge, y en la otra valores de GE; esto significó que los valores tangibles e intangibles, como el capital intelectual de la organización compuesto por el capital humano más el capital estructural con los valores tangibles de mercado, proporcionarían esta diferencia de valor.

GE Capital fue otro: su lema, caminar antes que correr hacia los mercados. Recién en la época de Jack Welch se visualiza el potencial de GE Capital; el tema era: fuerte crecimiento pero manteniendo un control exhaustivo del riesgo; se fortaleció la organización con buenos cuadros, pasando de media docena de puestos financieros en el 80 a 28 negocios de GE Capital diferentes en el 2001.

GE Capital pasó, de ser una empresa de finanzas, a convertirse en un negocio con capacidad para elaborar acuerdos y con habilidades operativas. Welch dispuso que la mitad de sus directivos de ese momento se desarrollasen en el sector industrial.

La conducta de riesgo de la organización se mantuvo: todo proyecto de diez millones hacia adelante era presentado a la junta principal.

El desplazamiento se efectuó hacia las adquisiciones de empresa de créditos de bienes de consumo, operaciones de crédito de entidades privadas y operaciones de *leasing* para camiones y automotores.

NBC. Adquirir la cadena de televisión y radiodifusión NBC fue una eficaz decisión, y conseguir la transmisión en exclusiva de las olimpiadas de Sydney 2000, Salt Lake City 2002, la de Atenas 2004, Turín y las del 2008 por 2 300 millones de dólares, representa la presencia y la concienciación en el mercado de más de 1 500 televidentes a nivel mundial, y la presencia, fortalecimiento de la marca de GE a nivel global. El hecho de retransmitir las olimpíadas por los dos principales canales por cable logró aumentar significativamente la cobertura del servicio de distribución y poner la CNBC y la MSNBC al alcance de millones de familias.

La NBC posicionó a Ge como una organización no solo estacionada en el sector industrial, sino mostró el dinamismo de sus líderes, en especial de Jack Welch. El sector era diferente, era un sector maduro: la transición a la madurez es casi siempre un periodo durante el cual suelen registrarse cambios fundamentales en el ambiente competitivo de las empresas, que requieren respuestas estratégicas difíciles[15].

En este ambiente nuevo y acuoso, la estrategia fue organizar e impulsar *task force* en programas como el de *Seinfeld*, con Jerry, que fue un *prime time*, *Friends* y otros.

Lo que logró la corporación fue que sintonizaron otros segmentos de mercados que en algunos casos suplementaban o complementaban sus estrategias de comunicaciones de mercado, ya que logró una mayor amplitud en las promociones de venta, *marketing* directo. así como relaciones públicas y publicidad.

Con el transcurso del tiempo adquirir la NBC ha sido muy rentable para GE.

Continuidad del servicio

Como toda iniciativa nace de la necesidad, y eso es lo que ocurrió con la empresa de construcción de reactores de donde de la noche a la mañana sus ventas se extinguieron, entonces se desplazó el negocio hacia el mantenimiento de los reactores con ingresos de miles de millones de dólares.

Los sistemas médicos fueron el primer negocio que introdujo contratos de servicio a largo plazo, asimismo crearon la infraestructura necesaria a escala mundial para efectuar diagnósticos remotos de sistemas y de control de averías las 24 horas del día y todos los días de la semana, los clientes de cualquier parte del mundo podían recibir una respuesta a sus dudas, una solución directa vía Internet procedente de un técnico en Paris, Tokio, o Milwaukee, dependiendo de la zona horaria en que se encontraran.

La creación del puesto de vicepresidente de servicios para motores permitió conseguir que se concentraran los recursos en dos áreas. La primera adquisición de infraestructura para el mantenimiento de unidades áreas en Gales, una antigua propiedad de British Airways, como un trato para venta de nuevos motores GE-90; y en Brasil, con la colaboración de Dennos Dammerman, se adquirió un establecimiento de servicios para los motores de Pratt&Withney; posteriormente se adquirió el establecimiento de servicio Varig y se continuó con el servicio en esa empresa.

En resumen, la maniobra estratégica inicial comenzada por un despliegue estratégico, fue concebida de forma impecable, Crotonville no despertó ninguna suspicacia en los competidores, pero fue la base de la formación de todos los cuadros de General Electric en los siguientes treinta años y aún continúa, no solo se imparte capacitación que tiene por finalidad mejorar la eficiencia en el uso de las herramientas de los *know how* administrativo y operativo, sino se analizan problemas e iniciativas que se debieran discutir en grupos y posteriormente en equipos auto administrados.

Crotonville fue el "alma mater" de la nueva cultura organizacional fundada por Jack Welch al asumir el mando, pero necesitaba recursos, entonces GE Capital fue la siguiente columna que proporcionó los recursos, y lo más importante es que operativizó un negocio financiero en donde GE recién ingresaba.

GE Capital en todo momento acompañó a las tropas que se desplazaban a los diferentes puntos de ataque para las batallas decisivas: si hacemos un parangón, el general o almirante en jefe Jack Welch organizó sus tropas y las calificó en Crotonville, y en ella se encontraba la maqueta de los diferentes teatros de operaciones que había sido estudiada por los estados mayores de las unidades de negocio.

Mientras la opinión pública se ocupaba de "Jack Neutron" y los despidos, el verdadero Jack marchaba a paso ligero con sus tropas en horas nocturnas, de tal forma de no ser detectado por la competencia y que supieran sus intenciones; en esta fase de la concepción estratégica fue también un maestro; su equipaje principal como líder consistía en sus valores, que eran conocidos por su ejército; la pasión, sin la cual ningún líder arriba a buen puerto; y la integridad, la integridad que siempre paga a mediano y largo plazo.

Una vez que sus tropas estuvieron en sus posiciones y los diferentes teatros de la guerra compuestos por los diferentes teatros de operaciones responsables de cada ejército o unidad estratégica de negocio y que se encontraban listos para empezar la maniobra estratégica en el curso de las operaciones, Jack Welch, el líder, observó que el asalto a los diferentes mercados y lograr las batallas decisivas que le permitieran ser eficiente, o sea conseguir los objetivos a un menor costo, y por lo tanto un incremento en el valor de las acciones y réditos para los accionistas así como una rentabilidad adecuada y un crecimiento sostenido, hizo una pausa, tomó aire, reunió y compartió las fuerzas espirituales con sus correligionarios, y en la alborada del nuevo amanecer su proclama fue: "el mundo espera de nosotros el primer o segundo lugar en los mercados limitados que podemos atender", y si las cosas salían bien bajo su comando, planearía adecuadamente la siguiente fase.

5.3.2 La maniobra estratégica en el curso de las operaciones

En la maniobra estratégica en el curso de las operaciones, las organizaciones se encuentran con la mayoría de sus barajas abiertas; en esta situación, Welch fortalece sus unidades de negocio desde un aspecto estratégico corporativo: sus unidades de negocio se encuentran combatiendo cara a cara con la competencia en lograr una buena participación en el mercado en las áreas críticas de energía y mantenimiento de ella, así como una relación de beneficios crecientes, sector aeronáutico, financiero, comunicaciones, plásticos y, lo más importante, tratando de lograr una fidelidad con el cliente porque los ataques de antaño le provenían de las grandes y medianas empresas, pero ahora le vienen de las también pequeñas empresas porque las homologaciones de la calidad se ven favorecidas con el Internet. Las bases de una ventaja competitiva, según[16] Hill, están compuestas por la eficiencia, la calidad, la innovación y el trato al cliente.

En el 94 aprovecharon las situaciones de empresas en Francia, Tungsram en Hungría o Nuovo Pignone en Italia, que implicaron asumir operaciones no tanto rentables pero que proporcionaron nuevas distribuciones o buenas tecnologías que ayudaron a globalizar los negocios médicos, de iluminación y de sistemas energéticos.

A mediados del 90, cuando México devaluó el peso y la economía se hallaba en conflicto, realizo veinte adquisiciones y fundaciones de empresas de riesgo compartido, aumentando significativamente la base productiva. En la misma época, los servicios financieros de General Electric se trasladaron a Japón para formar alianzas a largo plazo.

GE Capital, una unidad de negocio de General Electric desde el 94 al 2000, 89 mil millones de los 161 mil millones en activos adquiridos, se encontraban fuera de Estados Unidos; este crecimiento se logró en base a varias estrategias adecuadas en lo referente al manejo de divisas, en euros, yenes y dólares, así como bienes inmuebles fuera de los EE.UU.

Al convertirse GE Capital en el elemento más importante de GE, esta unidad de negocio planteó lo que se llama una súper estrategia, que consideraba el movimiento de divisas y de intermediación financiera como un elemento de maniobra de GE; no es tema de este *paper*, pero si uno observa la cantidad de dinero en bonos del tesoro americano, se encontrará que representa un 20 % de sus inversiones en el mediano plazo y del 15 % en euros; sin embargo, los yenes los usan como moneda-tráfico: eso significa como liquidez inmediata, y eso se debe a que el mercado japonés y del sudeste asiático tiene más movilidad y en esta etapa su rentabilidad es mayor, esa maniobra es la que ha permitido a GE este crecimiento asombroso; no solo fue el tema un mercado de compra y venta sino también de divisas muy bien diseñado.

La movilidad del mercado asiático es tremendamente grande actualmente y GE aprovechó muy bien la crisis asiática, porque fue una de las pocas intermediarias financieras que sobrevivieron, y eso se debió a que antes de la explosión Krugman el economista, en forma legal les previno a través de una consultoría de inversión; sin embargo, se convirtieron en salvavidas de sus proveedores, clientes y asociados porque estuvieron listos para operar por la gran masa monetaria en forma líquida que poseen.

Según Jack Welch, la India es rica en personas con una

formación de alta calidad que pueden desarrollar tareas muy variadas con éxito. GE Capital ha trasladado sus centros de atención al cliente a Delhi y los resultados son excelentes, y esto se debe a la gran sintonía que siente la empresa con los hindúes, que son gente muy bien preparada tecnológicamente así como en valores.

En la década del 90 en la India, con una clase media de más de cien millones de personas de un total de 800, se desarrollaron negocios en el sector de medicinas, lo que le dio un gran impacto: de un total de nueve mil millones de ventas anuales en 1987, que representaban el 19 % de sus ingresos totales a 53 mil millones de dólares, más del 40 % de los ingresos actuales.

Es así que Jack Welch decide avanzar sobre los dos objetivos estratégicos restantes; casi con cuatro años de diferencia, acomete primero el tema que siempre le preocupó como un valor la calidad y la excelencia y encuentra en Sigma Seis esa gran oportunidad.

La teoría afirma que Sigma Seis se limita a las estadísticas y al control de calidad, pero lo cierto es que detrás hay todo un mundo. Sigma Seis es en sí un concepto con el que se pudo dar un giro de 180 grados a una empresa, orientándola hacia el cliente, Welch, en enero del 96, coloca todos los recursos disponibles, humanos, espirituales y financieros, a este objetivo estratégico que era Sigma Seis; esto trajo reducción y cambios de puestos, asignación de nuevas tareas; se dispuso que máximo en cinco año estaría implementado en todo GE, era el compromiso más ambicioso nunca antes contraído la empresa.

Welch en sus memorias establece: "gracias a la calidad podemos pasar de ser una de las mayores compañías a convertirnos en la empresa más grande que jamás haya existido en el mundo de los negocios", y lo logró.

Cada proyecto asignado debía concordar con los objetivos del negocio y el resultado final. Se formaron miles de trabajadores como *green beels*, quienes recibían una formación de diez días en las que se les enseñaba los conceptos de Sigma Seis y las herramientas necesarias para solventar los problemas cotidianos en su ambiente de trabajo.

Sigma Seis fue introducido en el sector servicios de energía, aéreo y también en el de financiamiento en GE Capital.

Se nombró a un vicepresidente de Sigma Seis, quien detecta que el sistema solo mide el ciclo de producción o servicio sin tener en cuenta al cliente: si se reducía la entrega del producto de un promedio de diez días a ocho, se obtenía un 50 % de mejoras; se utilizó en RRHH para contratar empleados; el único caso que fue difícil que funcione fue en NBC.

Antes del retiro, pronosticaba que el sucesor de Jeff Immlet conseguiría que toda la organización fuera un *green belt*, pero como los grandes generales o almirantes no tiene su Waterloo, pero se salvó, aunque no visualizó a tiempo la importancia del Internet y de la tecnología de la información; sin embargo, dado que sus objetivos estratégicos en la década del 80 y después del 90 estuvieron bien formulados, logra detectar esa falencia en el mismo proceso de Sigma Seis, porque uno de los temas que en el nivel estratégico se detectan son los indicios.

En el ámbito estratégico no se nota al principio la importancia de la tendencia, normalmente se la mira como algo lejana, y cuando a los CEO perdedores se les pregunta por qué no se dieron cuenta, es porque en los estados financieros y en el flujo caja no aparecen estas informaciones. Los cambios planeados también requieren una actitud estratégica adecuada, una lectura permanente de las mega tendencias y de las nuevas expectativas de los clientes o consumidores.

Sigma Seis en realidad puso en alerta la necesidad de que Jack Welch aceptase la importancia del Internet y el cambio que estaba produciendo en la humanidad.

En relación al comercio electrónico, Welch se da cuenta de que es la única actividad que analizando los objetivos fijados treinta días atrás, pueden parecer ridículos treinta días más tarde, debido a que la curva de aprendizaje es muy abrupta. GE tuvo que cerrar los procesos de trabajo *online* y *offline*; hasta entonces, las personas continuaron utilizando el papel y no querían dirigir la productividad a través de la tecnología de información.

Cisco apoyo a GE en el proceso de digitalizar el flujo digital. En poco tiempo se eliminaron las impresoras y fotocopiadoras y los informes sobre viajes y gastos: la información sobre beneficios y los informes financieros internos empezaron tramitarse por la red.

Actualmente, un vendedor pasa más de 30 % de su tiempo con los clientes, lo que no sucedía con anticipación.

Con lo que ha cambiado la tecnología en los últimos decenios, ahora el director tiene la oportunidad de marcar una nueva orientación técnica para la corporación.

Pero tal reorientación le compromete tres cosas. La primera, que aprenda a considerar la informática como un recurso estratégico mediante el cual la empresa aprovecha mejor a su personal, no como un mero centro de coste.

En segundo lugar, el director general debe ponerse al día en los aspectos técnicos, al menos lo suficiente para poderle formular al director de informática preguntas que vayan derecho a los problemas, y para saber si lo que le contesta a ellas tiene sentido.

Tercera, el director general ha de introducir al responsable de informática o tecnología de información o comercio electrónico, como quiera visualizarlo, en las deliberaciones y las estrategias que preocupan a la alta dirección. No es posible que la informática se ponga en la línea estratégica empresarial si se mantiene al jefe fuera del circuito de las grandes decisiones.

En esta oportunidad aún no es el caso de GE, lo cual es una opción que tiene que analizar en un futuro cercano.

La última información auspiciosa de General Electric es la siguiente:

Santiago, 17 de enero de 2003 - "GE mostró sólidos resultados en una economía cada vez más competitiva, con excelentes rendimientos en una amplia gama de negocios", dijo Jeff Immelt, presidente y CEO de General Electric. General Electric (GE) obtuvo un record de utilidades durante el año 2002 alcanzando los US$15.100 millones, que representa un incremento de 7 %, en comparación con el ejercicio anterior.

Asimismo, se generó un flujo de caja de US$ 15.200 millones -excluyendo provisiones- producto de distintas actividades operacionales, lo que se tradujo en una expansión de 10 % respecto al 2001.

Según informó hoy la compañía. Jeff Immelt, presidente y CEO de General Electric, señaló que "GE mostró sólidos resultados en una economía cada vez más competitiva, con excelentes rendimientos en una amplia gama de negocios". Agregó que "las divisiones Sistemas de Energía, NBC, Finanzas Comerciales, Finanzas de Consumo y Sistemas Médicos tuvieron un año récord a nivel de resultados.

El concepto estratégico debe ser el esfuerzo que debe formular el líder para poder hacer llegar su pensamiento estratégico a toda su organización, esto le dará un costo-beneficio sin precedentes, porque cada miembro de su nave corporativa va a saber qué tiene que hacer y porqué, en beneficio no solo de la supervivencia de la organización, sino, lo más importante, su crecimiento, porque haciendo mención a los geopolíticos alemanes, una nación-Estado es como un ser: nace, crece se desarrolla y muere, y esa situación también afecta a las organizaciones con o sin fines de lucro.

La concepción estratégica involucra motivación, liderazgo, formación, conducción de equipos, y una comunicación efectiva, donde las intenciones del emisor deben ser comprendidas por el receptor.

El líder debe comprometer a la organización sin compromiso emocional; todas las demás actividades de formulación de estrategias son una pérdida de tiempo. La gente se entusiasma y se apasiona con un reto organizacional solo cuando cree en él, es decir, cuando está convencida.

La concepción estratégica tiene que llegar rápidamente a los tomadores de decisiones en forma clara y oportuna. La organización tiene que idear procesos que permitan esto.

La maniobra estratégica escogida debe ser desarrollada con la mínima posibilidad de cambios; durante el proceso pueden existir cambios, pero se espera que la línea resultante se mantenga próxima a la concepción inicial. Es necesario mencionar que un objetivo puede ser abordado desde diferentes direcciones, sin embargo el principio de mantenimiento de la dirección del objetivo se relaciona con el de economía de fuerzas, de tal forma de lograr el objetivo a un menor costo.

Jack Welch demostró que la integridad es fundamental es el desarrollo futuro de una organización.

6. CONCLUSIÓN DE GESTIÓN DE JACK WELCH

6. Conclusión de gestión de Jack Welch

Al analizar la estrategia global de GE observamos que manejó muy bien en estos últimos treinta años; a) Obteniendo un gran rendimiento a partir de sus habilidades distintivas. b) Realizando lo que se conoce como economía de localización al distribuir las actividades de creación de valor a aquellos sitios donde se pudieran ejecutar en forma más eficiente y c) Bajando la curva de experiencia antes que los competidores, disminuyendo de esta manera los costos de creación de valor[18]

Excelente rentabilidad en el mercado de divisas durante la década del 90 y parte del siglo XXI.

La mayor habilidad distintiva de Jack Welch ha sido la de crear un capital intelectual compuesto por un capital humano sin precedentes en el reclutamiento y selección de las personas adecuadas en los puestos de responsabilidad.

Las economías de localización han funcionado de menos a más a través de adecuadas alianzas estratégicas y, en algunos casos, llegando a *joint-ventures*. Cuando en un mercado se daban cuenta de que pese a las bajas curvas de la experiencia no conseguían ser el número uno o dos, se retiraban del mismo. Cuando les pasó el tema de las bombillas en la China, se concentraron en los posibles competidores del momento pero en el mercado local aparecieron nuevos competidores que les arrebataron el mercado con productos sustituto

General Electric es un ejemplo de una corporación con liderazgo en la formulación y ejecución de su concepción estratégica.

7. ELON MUSK

7. Elon Musk

Emprendedor del siglo XXI

Su visión de cambiar el mundo y la humanidad de forma drástica. Algunas de sus metas consisten en frenar el proceso de calentamiento global mediante el abandono de los combustibles fósiles por energías renovables, sobre todo la energía solar, y reducir el riesgo de una posible extinción de la raza humana mediante la evolución hacia una "civilización multiplanetaria".

La productividad según Musk

Elon Musk envió una carta a sus trabajadores y les compartió una serie de consejos con el objetivo de lograr la productividad necesaria para aumentar la producción del Tesla Model 3.

En el correo electrónico publicado por Jalopnik, el magnate se dirige a sus colaboradores felicitándolos por su desempeño y explicando cómo han logrado incrementar la producción del Model 3.

Asimismo, expone que espera seguir aumentando los números y que cada departamento debe poder hacerlo, sin embargo, resalta que si alguno necesita ayuda extra debe hacérselo saber de inmediato.

Aquí los *tips* que Musk les compartió a sus empleados para lograr una producción más óptima:

7.1 Modelo de Gestión

1. Dile no a las grandes juntas y reuniones frecuentes.

    De acuerdo con el empresario, las grandes reuniones son las plaga de las grandes empresas, por lo que recomienda evitarlas, a menos de que estén seguros de que esto brinda un valor importante para la audiencia, en ese caso hay que mantenerlas cortas.

    Agrega que la frecuencia de las mismas debe disminuir a menos que se trate de asuntos urgentes.

2. Sal de las reuniones en las que ya no estás aportando nada nuevo

    De acuerdo con Musk, no es grosero irse: es de mal gusto hacer que alguien pierda su tiempo.

3. Sé claro al momento de comunicarte

    Con esto se refiere a que no deben usar acrónimos a la hora de referirse a objetos o programas o procesos. "Cualquier cosa que requiera una explicación inhibe la comunicación".

4. La jerarquía puede ser estorbosa

La comunicación debe viajar por el camino más corto y no a través de las cadenas de mando. Una fuente importante de problemas es la mala comunicación entre los departamentos. La forma de resolver esto es permitir el libre flujo de información entre todos los niveles. De no hacer esto se puede producir una especie de teléfono descompuesto y hacer que las cosas no sucedan de la manera correcta.

5. Sigue tu sentido común.

En general, siempre guíate por la lógica. Si seguir una "regla de la compañía" es obviamente ridículo en una situación particular, de modo que sería una gran caricatura de Dilbert, entonces la regla debería cambiar.

7.2 Objetivos estratégicos Elon Musk

Plan de Energía

sustentable Cuatro O.E

- O.E 1 Autos eléctricos
- O.E 2 Space -X
- O.E 3 Hogar sustentable
- Q.E 4 Neura Link

Objetivos Estratégicos de Elon Musk 2,000-2030

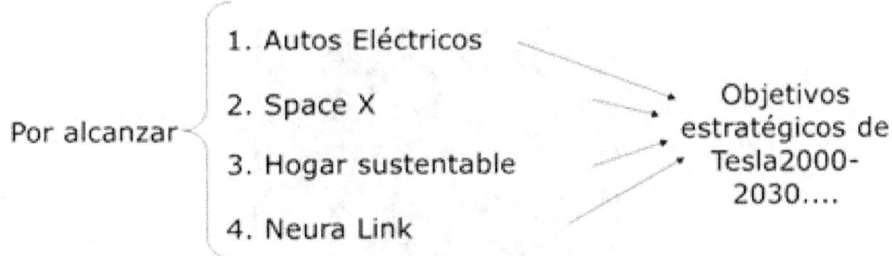

7.3 Despliegue estratégico de la maniobra estratégica inicial

Musk priorizó sus objetivos estratégicos y los dividió en dos y dos, autos eléctricos y Space X en la maniobra estratégica inicial, y hogar sustentable y Neura Link en la maniobra estratégica en el curso de las operaciones.

7.3.1 Objetivos de la maniobra estratégica inicial

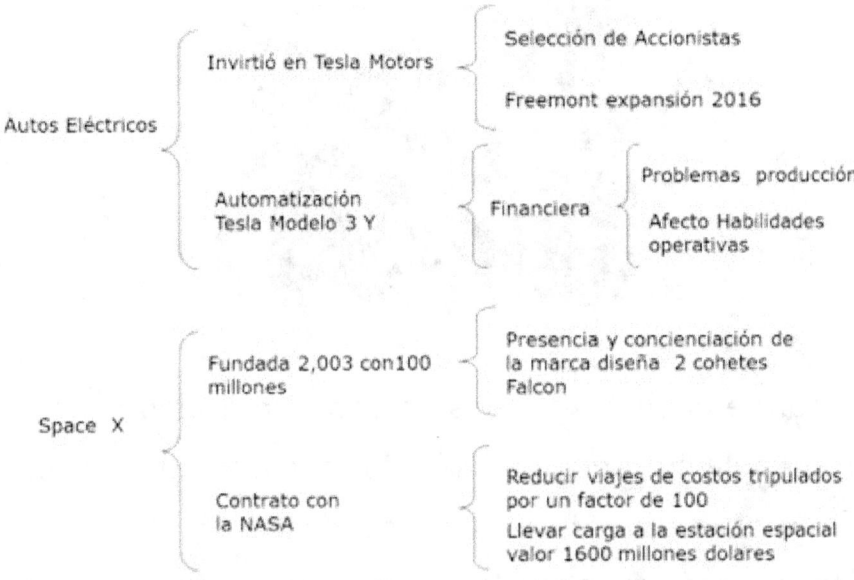

Selección de accionistas

A pesar de que las acciones de Tesla se dispararon a más de 300 dólares y que el valor de mercado de la empresa rebasó el de Ford, incluso su fundador, Elon Musk, reconoció en Twitter que la empresa estaba "absurdamente sobrevalorada si era con base en el pasado".

Por "el pasado" es probable que se refiriera a mediciones de valor anticuadas, como las relaciones precio-ganancia o precio-ventas, los criterios tradicionales para evaluar los precios de las acciones.

Según estas mediciones, Tesla, una empresa que años anteriores perdió 773 millones de dólares.

El valor de mercado de Tesla es de casi 49 mil millones de

dólares, y no solo es mayor que el de Ford, automotora que el año pasado obtuvo cerca de 11 mil millones de dólares en ganancias, sino que está a una distancia muy corta de General Motors, empresa que ganó 9,4 mil millones de dólares.

En contraste con Tesla, las acciones de Ford y GM han caído recientemente por temor a que las ventas de automóviles hayan llegado a un tope cíclico. Los ejecutivos de Ford y GM no quisieron hacer comentarios sobre el incremento en las acciones de Tesla, pero no es descabellado que de la frustración se estén agarrando de los pelos. Sin embargo, Tesla no es un capital accionario, o una empresa, que se mida con el pasado, como bien sabe su fundador. Musk también escribió en Twitter que los precios de las acciones representan "flujos de efectivo ajustados por riesgo a futuro". Y Tesla prácticamente es un futuro incierto con poderosos vehículos autónomos, confiables y seguros, que obtienen su energía de baterías con celdas solares y son amigables con el medioambiente.

En este sentido, Tesla ha ascendido al reino exclusivo de las llamadas *story stocks* (o acciones con historia):

empresas cuyos inversionistas están tan hechizados pensando que el precio de sus acciones es inmune a cualquier medición tradicional porque sus historias son simplemente muy buenas como para no ser ciertas.

Además, el desaliento para los vendedores al descubierto, quienes creen que tienen razones fundadas de sobra como para apostar en contra de este tipo de acciones, es que el precio de las acciones se puede quedar años, incluso décadas, en la estratósfera.

Estas *story stocks* son relativamente extrañas, pero para nada nuevas (el término lo acuñó James Moniter, inversionista de valores y miembro del equipo de asignación de activos de GMO, una firma de gestión de inversiones). Las acciones de Amazon ascendieron durante décadas, incluso sin que hubiera ganancias significativas. Un ejemplo más reciente es el padre de Snapchat, Snap, empresa que está acumulando grandes pérdidas mientras sus acciones se compran en una relación astronómica precio-venta de casi 50, mucho más alto que los 7 de Tesla (en comparación, Ford está en 0,3).

Amazon y Snap tienen historias cautivadoras para muchos inversionistas: Amazon ha transformado la venta al menudeo y está destinada a dominarla. Snap está reinventando las comunicaciones, al menos para los milenials y los más jóvenes. A pesar de que siguen siendo empresas privadas, los inversionistas que primero apostaron a favor de Uber y Airbnb las han valorado en múltiplos estratosféricos, principalmente con base en la noción de que Uber transformará y dominará el transporte local y que Airbnb revolucionará la industria hotelera.

Para las *story stocks*, cualquier acontecimiento que confirme la historia puede provocar un incremento en las valoraciones, que de por sí son altas. Tesla en sus ventas trimestrales, las cuales estuvieron modestamente arriba de las expectativas, y las acciones aumentaron siete por ciento en un día. Las acciones de Tesla subieron casi 40 por ciento, a pesar de que muchos inversionistas las consideraron sobrevaloradas.

El fundador de la marca de fabricación, distribución y comercialización de autos eléctricos Tesla. Considerada por expertos como la compañía más innovadora del mundo, promete cambiar el mundo, y para ello ha comenzado con una fábrica gigante de baterías en el desierto de Nevada.

Para que esto sea posible, los dispositivos de almacenamiento son cruciales para expandir los sectores de energía eólica y solar y así reducir la contaminación, porque permiten que lo que se genera hoy pueda consumirse posteriormente. Tal como la refrigeración cambió la manera de manipular la comida en el siglo XX, el almacenamiento de energía proporcionará flexibilidad a los operadores de redes y a los consumidores.

Musk busca con este proyecto dejar atrás el uso de combustibles fósiles y dotar a sus vehículos de lo último en tecnología, además de democratizar el valor de este tipo de modelos. Es decir, automóviles eléctricos al alcance de cualquier bolsillo, una consigna que Elon Musk no cree inalcanzable.

Automatización

De hecho, como aceptó Musk, el exceso de automatización en la línea de producción provocó múltiples problemas que ralentizaron su fabricación hasta el punto de que aún no se ha conseguido llegar a las cinco mil unidades semanales, un objetivo previsto inicialmente para el pasado mes de diciembre. Sin embargo, tras los parones para solucionar los problemas y eliminar los 'cuellos de botella', parece que la marca se ha adaptado al alto nivel de automatización y empieza a aumentar su volumen de producción gradualmente.

En un artículo, Elon Musk explica cómo han afrontado los problemas desde que iniciaron el proceso de fabricación de la berlina, como el cambio del sistema de transporte de componentes o los problemas con la producción del módulo de la batería. Aun así, Elon afirmó que, por fin, están cómodos con el alto nivel de automatización del proceso de ensamblaje de la carrocería, una de las partes más complejas de todo el camino desde que se fabrican las piezas, hasta que los Model 3 salen de Fremon.

El problema reside en cómo Tesla está aplicando una filosofía del Silicon Valley, generando productos listos para el ambiente productivo lo más rápido posible, en un entorno de manufactura en el que la calidad del producto integrado es la principal preocupación y no se puede solucionar más adelante con "parches".

En pocas palabras, Tesla tiene el equivalente de equipos de desarrolladores trabajando furiosamente para generar código y automatizar todo, sin tener tiempo para detenerse y verificar si el proceso de desarrollo y la "Definición de Terminado" necesitan ser ajustados:

Definición de Terminado (*Definition of Done* – DoD) es una lista simple de actividades (código, comentarios en código, pruebas unitarias, pruebas de integración, notas de la versión, documentos de diseño, etc.) que agregan valor verificable / demostrable al producto. Al centrarse en los pasos de valor agregado, el equipo se enfoca en lo que se debe completar para crear un *software* y al mismo tiempo, eliminar las actividades que representan un derroche y solo complican los esfuerzos de desarrollo de *software*.

Al parecer, al liderazgo de Tesla le falta entender el punto más importante de Ágil y otros marcos de referencia parecidos: el proceso de entrega de productos complejos debe centrarse en el cliente y orientarse a las personas. Al trasladar este proceso de desarrollo a un entorno de manufactura debe enfocarse en:

Eliminar el desperdicio, confiando en técnicas que ayudan a prevenir el "trabajo parcialmente terminado".

Calidad de construcción desde un inicio, controlando las

condiciones para evitar cualquier defecto en primer lugar.

Crear conocimiento, elaborando y refinando el diseño detallado mientras se construyen los entregables del producto.

Diferir el compromiso, aprendiendo a distinguir entre una estimación y un compromiso.

Entregar rápidamente a través de equipos con personas capaces de resolver problemas, utilizando metodologías, herramientas y cultura apropiadas para hacerlo.

Respetar a las personas cultivando una cultura de mejora continua, trabajando en armonía con las necesidades de las personas.

Optimizar el todo a través del esfuerzo constante y la supervisión para perfeccionar el sistema.

Debería serlo para ingenieros de calidad, de *software* e industriales, porque estos son los principios básicos de Lean: un conjunto de "herramientas" que ayudan a identificar y eliminar constantemente el desperdicio y la ineficiencia en las operaciones de manufactura. Desarrollado inicialmente por la Toyota Motor Company en la década de 1930, el proceso llegó a ser tan exitoso que ha sido adoptado por los sectores manufactureros de todo el mundo.

Entonces, el problema radica en la forma en que Tesla está atacando su logística y calidad: en lugar de desarrollar un proceso sólido que pueda madurar, optimizarse y eventualmente automatizarse, la empresa está trabajando al revés: primero genera los entregables de forma automática, luego revisa cómo estos se pueden corregir a través de parches de *software* y reemplazo de piezas defectuosas. Esto da como resultado una pérdida de ganancias que, a largo plazo, podría provocar la quiebra de la empresa. Según John Shook, presidente ejecutivo del Lean Enterprise Institute.

Las empresas exitosas como Toyota han tratado estos problemas de calidad utilizando el enfoque del *Peopleware*: la administración necesita tener en cuenta aspectos como productividad individual, trabajo en equipo, dinámica de grupo, gestión de proyectos, factores organizacionales, diseño de interfaz humana e interacción humano-máquina. La estrategia de Tesla se mueve en la dirección opuesta, buscando menos personas empoderadas mediante Inteligencia Artificial (IA) y detección por Internet de las Cosas (IoT), predicción basada en Big-Data y rutinas de *Deep Learning*, mejorando diseños y procesos, con el producto final siendo una fábrica que "aprende" mucho más rápido que los humanos sobre cómo encontrar el óptimo.

El problema es que, si entendemos que Tesla está usando la manufactura del Modelo 3 como prueba de concepto sobre cómo alcanzar la automatización total, es un plan muy arriesgado: la compañía está quemando sus reservas de efectivo a razón de mil millones de dólares estadounidenses por trimestre.

Space-X

Porqué Space-X

La humanidad no podrá quedarse para siempre en este planeta. Estamos cerca de cumplir cincuenta años desde que pisamos la luna. Cincuenta años... de olvido. Hemos dejado de soñar, el espacio ya no está entre nuestras prioridades, cuando, irónicamente, es nuestra única salvación de la extinción. Por suerte, ya hace años, un hombre empezó esta empresa, SpaceX, con el objetivo de recordar al planeta que hubo una época en la que soñábamos con estar junto a las estrellas. Su visión es que la especie humana sea interplanetaria.

Sus negocios consisten en poner satélites pesados en

órbita geo sincrónica, así como abastecer a las estaciones espaciales internacionales.

Los motores que utiliza en sus cohetes en el gran proyecto a Marte utiliza combustible que puede ser encontrado en Marte con procedimientos químicos apropiados utilizando la reacción de Sabatier. Su objetivo es llegar a Marte y colonizarlo, utilizando cohetes que le permita recargar combustible en el sistema solar, diferente a Jeff Bezzos que está creando cohetes que permitan hacer turismo fuera de la tierra a un costo permitido.

"Los costos para viajar al espacio son altos, y si además se trata de viajes tripulados son aún más".

La empresa espacial privada SpaceX, fundada en el año 2002 por Elon Musk, está cambiando la forma de viajar al espacio, de regresar a la Luna, e inclusive de poder viajar a Marte en un futuro.

"Sus cohetes reusables Falcon 9 de dos etapas, equipados con motores Merlín de gran eficiencia, elevan su carga desde cuatro hasta 22 toneladas, dependiendo de las características de la misión, y posteriormente la primera etapa nos asombra con su capacidad de regresar y aterrizar de manera autónoma y controlada adonde se le indique, con una precisión nunca antes vista.

Lo anterior ha ocasionado que los costos de transporte disminuyan significativamente. "Este vehículo actualmente ofrece sus servicios a la NASA y a empresas privadas para la puesta de satélites en órbita baja y geoestacionaria, principalmente.

En poco tiempo se ofrecerá servicio de transporte regular para la Estación Espacial Internacional, tanto de cápsulas logísticas con suministros, así como de astronautas usando la cápsula Dragón, que puede llevar hasta cinco pasajeros".

En el año 2018, la versión Falcon Heavy hizo su aparición; compuesto de tres núcleos Falcon 9 en su primera etapa, uno central reforzado y otros dos a cada lado, proporciona una capacidad de carga desde 16 hasta 63 toneladas. Solo el cohete Saturno V era capaz de superarlo en capacidad de carga.

En su vuelo de prueba inaugural sorprendió nuevamente al público cuando los tres núcleos aterrizaron en una perfecta coreografía: dos lo hicieron simultáneamente, prácticamente lado a lado, en tierra; y el último, en el océano, en el puerto espacial flotante de SpaceX, denominado *Of Course I Still Love You*, una barcaza controlada de forma remota.

"A finales de 2017 SpaceX muestra el concepto de la nave *Starship*, una nave espacial 100 % reusable y automática que sirve para el transporte de carga y pasajeros a gran escala.

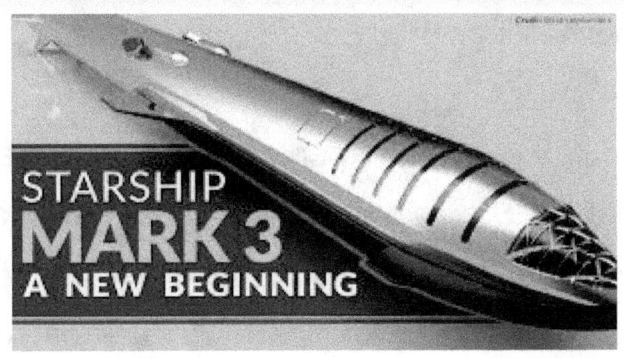

Se trata de un vehículo de cincuenta metros de largo y nueve metros de diámetro capaz de viajar a la Luna o inclusive a Marte, abriendo la posibilidad de colonizar otros mundos. A principios de 2019, un burdo prototipo llamado *Starhopper* es construido y equipado con una nueva generación de motor, el *Raptor*, el cual duplica la potencia del *Merlin*. Después de algunos ajustes y pruebas preliminares, el *Starhopper* demuestra la validez del concepto usando un motor y volando controladamente primero veinte metros y después 150 metros".

Actualmente ya se ha construido un prototipo de la nave *Starship* a escala real y funcional, equipado con tres motores *Raptor*. El modelo final contará con 6 motores. El casco está construido 100 % de acero inoxidable y se encuentra en las instalaciones de SpaceX en Boca Chica,

Texas, a pocos kilómetros de Brownsville.

"El cohete *Super Heavy*, por su parte, que elevará a la versión final del *Starship* al espacio, será otra maravilla de la ingeniería". En su conjunto, la nave *Starship* y el cohete *Super Heavy*, alcanzarán los 118 metros de altura, superando al Saturno V". Agradezco a Enrique su amabilidad de compartirnos estos interesantísimos datos de las instalaciones de SpaceX en Texas.

7.3.2 La Maniobra estratégica en el curso de las operaciones

En la maniobra estratégica en el curso de las operaciones las organizaciones se encuentran con la mayoría de sus barajas abiertas, en esta situación, Musk fortalece sus unidades de negocio desde un aspecto estratégico corporativo, sus unidades de negocio por medio de la innovación, las áreas críticas de energía en los hogares y la salud, así como una relación de beneficios crecientes, diferentes sectores y lo más importante tratando de lograr una fidelidad con los usuarios y clientes y demostrando liderazgo en las innovaciones.

Es así que Elon Musk decide avanzar sobre los dos objetivos estratégicos restantes casi con cuatro años de diferencia el tema que siempre le preocupo como un valor el consumo de energía en los hogares y el mejoramiento de la salud esa gran oportunidad.

Hogar Sustentable } Mejorar el ahorro de energía en los hogares
- Hacia el cliente
- Reducción y cambios de puesto
- Variabilidad

Creación de Neuralink } Fusionar a los cerebros humanos con el software para mejorar su calidad de vida
- Nanobiotecnologia
- Creación de dispositivos para implantar en el cerebro humano
- Utilizando inteligencia artificial

Hogar sustentable

Elon Musk acaba de cumplir su deseo de crear un imperio de energía limpia.

Los accionistas votaron para aprobar el plan de Tesla de

comprar SolarCity, preparando el camino para que una de sus empresas de energía sustentable bajo el mismo techo de paneles solares.

"Creo que su fe será recompensada", dijo Musk en una sesión de preguntas a los accionistas después del voto el jueves. "Realmente saldrán cosas impresionantes de esto".

Tesla anunció en junio que había llegado a un acuerdo para adquirir SolarCity por 2 600 millones de dólares, pendiente de la aprobación de los accionistas.

Tesla presentó la adquisición como la creación de "la única empresa de energía integrada verticalmente en el mundo" que podría proveer de energía tanto a tu hogar como a tu auto.

Musk demostró el potencial de la fusión. Él reveló unas hermosas tejas solares que se veían como tejas típicas, junto con una versión actualizada de la batería de hogar de Tesla. Juntos, estos productos prometen permitir el acceso y almacenaje de energía alternativa en los hogares modernos. Comenzó a recibir pedidos para su nuevo y transformativo techo solar. Tiene un precio competitivo y constituye la pieza final de la visión de Elon Musk para unificar a lo grande sus ambiciones con la energía limpia: combina energía solar, baterías domésticas y autos eléctricos.

"Esas son las tres patas de la banqueta para un futuro con energía sustentable", dijo Musk. "Energía solar que va a un *pack* de baterías estacionarias, para tener luz de noche, y luego recargar un vehículo eléctrico [...] eso se puede expandir para satisfacer la demanda de todo el mundo".

Desde la mayoría de los puntos de vista, las delgadas tejas parecen materiales estándar para techos, pero permiten que la luz las atraviese y llegue a una célula fotovoltaica colocada debajo de la superficie templada.

Las primeras instalaciones comenzarán en junio en Estados Unidos, pero se están aceptando pedidos de países de todo el mundo para el 2018.

El costo del techo solar de Tesla es fundamental para determinar si será un producto de nicho para ricos o la clave para destrabar un mercado solar residencial que está.

"Los precios son mejores de lo que esperaba, de lo que todos esperaban", dijo Hugh Bromley, un analista de energía solar en Bloomberg New Energy Finance que se había mostrado escéptico respecto al posible impacto del nuevo producto en el mercado.

El costo total de las tejas solares activas de Tesla es de unos US$ 452 por metro cuadrado, "muy por debajo" de la estimación previa de BNEF, de US$ 731 por metro cuadrado, dijo Bromley. El precio de las tejas inactivas será de US$ 118 y Tesla sostiene que hay que anticipar un promedio general de unos US$ 236 por metro cuadrado.

El techo solar sigue teniendo un precio considerable por adelantado. Reemplazar el techo de una casa de 185 metros cuadrados en el estado de Nueva York —con un 40

% de cobertura de tejas solares activas y una batería de refuerzo para usar de noche— costaría unos US$ 50 mil con créditos impositivos federales.

Se amortizaría produciendo US$ 64 mil en energía durante treinta años, según la calculadora del sitio web de Tesla, pero eso exige una hipoteca más grande y cierta planificación a largo plazo.

En total, calculó Bromley, un esquema tradicional de energía solar podría salir 30 % menos que el techo de Tesla. Pero este lucirá mejor y vendrá con una garantía vitalicia, mientras que los techos normales suelen sustituirse cada pocas décadas.

Neura Link

Neura Link es una empresa norteamericana de neuro tecnología fundada por Elon Musk y otros ocho socios, para el desarrollo de interfaces cerebro-computadora implantables. La sede principal de la compañía está en San Francisco; constituida en el año 2016 y publicado en marzo de 2017. La marca Neura Link fue adquirida a sus dueños anteriores en enero 2017. El objetivo de fusionar el cerebro con un *software* que mejore las condiciones de vida de las personas era uno de sus objetivos principales. La mayoría de las compañías de Elon Musk parecen sacadas del futuro de una novela clásica de ciencia ficción, pero la empresa de la que vamos a hablar en esta ocasión además resulta que es la más extraña de todas. Es la empresa que algún día podría convertirnos a todos en *cyborgs*, para bien o para mal.

Musk forma parte del grupo de expertos y líderes tecnológicos que llevan tiempo alertando de los problemas que pueden surgir si el desarrollo de la inteligencia artificial se nos escapa de las manos, hasta el punto de que las personas acabemos siendo las mascotas de las máquinas. Plantea colocar en nuestra yugular varios implantes con electrodos que irían alojados en el cerebro y que permitirían que nuestros niveles cognitivos se actualizarán, como pasa con el *software* del móvil cada cierto tiempo, para ser mucho más listos.

La compañía de Elon Musk defiende que esta tecnología también ayudará a curar o paliar enfermedades como la epilepsia, el párkinson o el alzhéimer, y esto es lo que defenderá ante el gobierno de Estados Unidos para que le permitan seguir con la investigación, aunque el objetivo a largo plazo sea esa defensa del ser humano frente al peligro de una tecnología super poderosa y descontrolada.

Neura Link ideará un cordón neuronal artificial que podrá tomar el control de los cerebros de las personas, explicó en el evento. Utilizar un ordenador solo con el pensamiento o cualquier aparato conectado, como la televisión, la nevera y, por supuesto, el móvil, solo con un pensamiento. Esa es la verdadera naturaleza y ambición de Neura Link.

8. CONCLUSIONES FINALES SOBRE ELON MUSK

8. Conclusiones finales sobre Elon Musk

Elon Musk es uno de los pioneros de esta nueva raza de humanos que ha venido a la tierra con una misión, hacer que evolucionemos como humanidad hacia el lado más positivo que podamos imaginar.

Entre otras cosas, Elon Musk destaca por su alta capacidad de aprendizaje diario, es un devorador de libros desde que era muy pequeño, autodidacta, lo que le permite estar siempre a la última de los conocimientos más innovadores que necesita para crear sus visiones y sueños en el mundo.

En la mente de Elon Musk se dibuja un mapa gráfico muy claro de cómo serán las ciudades del futuro, de cómo seremos capaces de utilizar la energía del sol, de cómo nos moveremos en transportes limpios que no contaminen, de cómo el humano se simbiotizará con la tecnología para convertirse en super humanos, y de cómo vamos a expandir la humanidad a otros planetas del universo con viajes intergalácticos.

Elon Musk es un disruptor por naturaleza, cambia el mercado, crea nuevos mercados, pero todas sus organizaciones cumplen el concepto de economía de alcance, eso significa que están interconectadas por una visión común, que es desarrollar al ser humano y facilitar la vida en este planeta.

Desde la creación de Tesla y Space –X, son diseñadas no solo para mejor la calidad de vida sino para abrir fronteras a la humanidad a través del espacio.

En su maniobra avanza respecto de la importancia del ahorro de energía y establecer una nueva frontera en la que las máquinas nos mejoren a través de la ciencia.

9. CONCLUSIÓN FINAL

9. Conclusión Final

Jack Welch reconocido Por el presidente Estados Unidos

Elon Musk un Estratega

Hemos visto cómo dos personas en diferentes siglos formularon una visión empresarial centrada en un pensamiento estratégico que les permitió alcanzar varias metas de forma secuencial, y eso le llamamos maniobra, que está formulada en una concepción estratégica.

Jack Welch, concentrándose en la eficiencia y en darle a General Electric un sitial de liderazgo en innovación de gestión, y Elon Musk alcanzando nuevas fronteras en la misión de mejorar la calidad de vida de la humanidad.

El concepto estratégico debe ser el esfuerzo que debe formular el líder para poder hacer llegar su pensamiento estratégico a toda su organización; esto le dará un costo-beneficio sin precedentes, porque cada miembro de su nave corporativa va a saber qué tiene que hacer y porqué, en beneficio no solo de la supervivencia de la organización, sino lo más importante, su crecimiento, porque haciendo mención a los geopolíticos alemanes una nación-Estado es como un ser: nace, crece se desarrolla y muere, y esa situación también afecta a las organizaciones con o sin fines de lucro.

La concepción estratégica involucra motivación, liderazgo, formación, conducción de equipos, y una comunicación efectiva, donde las intenciones del emisor deben ser comprendidas por el receptor.

El líder debe comprometer a la organización sin compromiso emocional, todas las demás actividades de formulación de estrategias son una pérdida de tiempo. La gente se entusiasma y se apasiona con un reto organizacional solo cuando cree en él, es decir, cuando está convencida.

La concepción estratégica tiene que llegar rápidamente a quienes toman las decisiones en forma clara y oportuna. La organización tiene que idear procesos que permitan esto.

La maniobra estratégica escogida debe ser desarrollada con la mínima posibilidad de cambios; durante el proceso pueden existir cambios, pero se espera que la línea resultante se mantenga próxima a la concepción inicial. Es necesario mencionar que un objetivo puede ser abordado desde diferentes direcciones, sin embargo el principio de mantenimiento de la dirección del objetivo se relaciona con el de economía de fuerzas, de tal forma que se logre el objetivo a un menor costo.

www.ingramcontent.com/pod-product-compliance
Lightning Source LLC
Chambersburg PA
CBHW032123250526
R18348000001B/R183480PG45466CBX00044B/7